Copyright © 2014 Go Go Kabuki Ltd. All Rights Reserved.

Available from Amazon.com, CreateSpace.com, and other retail outlets.

All rights reserved. This book may not be reproduced, in whole or in any part, in any form, without written permission from the publisher or author.

Recipe Name	Page Number
White Chicken Chili w/ Salsa Verde	11

Recipe Name	Page Number

Recipe Name

Page Number

Recipe Name

Page Number

Recipe Name

Page Number

Recipe Name	Page Number

Recipe Name	Page Number

Recipe Name	Page Number

Recipe Name _____

Serves _____ Prep. Time _____ Cook Time _____ Oven Temp. _____

Ingredients

Preparation Directions

Cooking Directions

Notes:

Recipe Name: White Chicken Chili w/ Salsa Verde

Serves 10   Prep. Time 20   Cook Time 40   Oven Temp. —

Ingredients
- Olive Oil 1 Tbsp
- 1 lg onion
- 4 Poblano peppers
- 2 Serrano peppers
- 1 clove garlic
- 1 Tbsp chili powder
- 2 tsp K. salt
- 1½ tsp gr. cumin
- 1 tsp cilantro
- 1 tsp dried oregano
- 8 cups chx breasts
- 2 lb boneless, skinless chx breast
- 45 oz canned Cannellini beans
- ⅓ cup salsa verde
- 2 Tbsp fresh lime juice
- ½ cup cilantro

Preparation Directions
Heat oil in a large soup pot over medium heat. Add onion & peppers; sauté until softened 5-10 mins. Add garlic, chili powder, salt, cumin, coriander & oregano; stir & cook 1 min.

Add broth, chix & beans. Increase heat to high & bring to a boil. Reduce heat to med-low & simmer, covered, until chix is cooked through, about 15-20 mins. Remove chix to a plate. Let stand 5 mins then shred w/ 2 forks.

Return shredded chix to pot & stir in salsa verde, lime juice & cilantro; heat through.

Cooking Directions

Notes:

Recipe Name _____

Serves _____ Prep. Time _____ Cook Time _____ Oven Temp. _____

Ingredients

Preparation Directions

Cooking Directions

Notes:

Recipe Name _____

Serves ____ Prep. Time _____ Cook Time _____ Oven Temp. _____

Ingredients | Preparation Directions

Cooking Directions

Notes:

Recipe Name _____

Serves ____ Prep. Time _____ Cook Time _____ Oven Temp. _____

Ingredients

Preparation Directions

Cooking Directions

Notes:

Recipe Name _____

Serves _____   Prep. Time _____   Cook Time _____   Oven Temp. _____

Ingredients | ## Preparation Directions

Cooking Directions

Notes:

Recipe Name _____

Serves ____ Prep. Time _____ Cook Time _____ Oven Temp. _____

Ingredients

Preparation Directions

Cooking Directions

Notes:

Recipe Name _____

Serves _____ Prep. Time _____ Cook Time _____ Oven Temp. _____

Ingredients

Preparation Directions

Cooking Directions

Notes:

Recipe Name _____

Serves _____ Prep. Time _____ Cook Time _____ Oven Temp. _____

Ingredients

Preparation Directions

Cooking Directions

Notes:

Recipe Name _____

Serves _____ Prep. Time _____ Cook Time _____ Oven Temp. _____

Ingredients

Preparation Directions

Cooking Directions

Notes:

Recipe Name _____

Serves _____ Prep. Time _____ Cook Time _____ Oven Temp. _____

Ingredients

Preparation Directions

Cooking Directions

Notes:

Recipe Name _____

Serves _____ Prep. Time _____ Cook Time _____ Oven Temp. _____

Ingredients

Preparation Directions

Cooking Directions

Notes:

Recipe Name _____

Serves _____ Prep. Time _____ Cook Time _____ Oven Temp. _____

Ingredients

Preparation Directions

Cooking Directions

Notes:

Recipe Name _____

Serves _____   Prep. Time _____   Cook Time _____   Oven Temp. _____

Ingredients | Preparation Directions

Cooking Directions

Notes:

Recipe Name _____

Serves _____   Prep. Time _____   Cook Time _____   Oven Temp. _____

Ingredients

_____
_____
_____
_____
_____
_____
_____
_____
_____
_____
_____
_____
_____
_____
_____
_____
_____
_____
_____
_____
_____

Preparation Directions

_____
_____
_____
_____
_____
_____
_____
_____
_____
_____
_____
_____
_____

Cooking Directions

_____
_____
_____
_____
_____
_____

Notes:

Recipe Name _____

Serves _____ Prep. Time _____ Cook Time _____ Oven Temp. _____

Ingredients

_____
_____
_____
_____
_____
_____
_____
_____
_____
_____
_____
_____
_____
_____
_____
_____
_____
_____
_____
_____
_____

Preparation Directions

_____
_____
_____
_____
_____
_____
_____
_____
_____
_____
_____
_____
_____
_____

Cooking Directions

_____
_____
_____
_____
_____

Notes:

Recipe Name _____

Serves _____ Prep. Time _____ Cook Time _____ Oven Temp. _____

Ingredients

_____
_____
_____
_____
_____
_____
_____
_____
_____
_____
_____
_____
_____
_____
_____
_____
_____
_____
_____
_____

Preparation Directions

_____
_____
_____
_____
_____
_____
_____
_____
_____
_____
_____
_____
_____

Cooking Directions

_____
_____
_____
_____
_____

Notes:

Recipe Name _____

Serves _____ Prep. Time _____ Cook Time _____ Oven Temp. _____

Ingredients

Preparation Directions

Cooking Directions

Notes:

Recipe Name _____

Serves _____ Prep. Time _____ Cook Time _____ Oven Temp. _____

Ingredients

Preparation Directions

Cooking Directions

Notes:

Recipe Name _____

Serves _____ Prep. Time _____ Cook Time _____ Oven Temp. _____

Ingredients	Preparation Directions
_____	_____
_____	_____
_____	_____
_____	_____
_____	_____
_____	_____
_____	_____
_____	_____
_____	_____
_____	_____
_____	_____
_____	_____
_____	_____
_____	_____

Cooking Directions

_____
_____
_____
_____

Notes:

Recipe Name _____

Serves _____ Prep. Time _____ Cook Time _____ Oven Temp. _____

Ingredients

_____
_____
_____
_____
_____
_____
_____
_____
_____
_____
_____
_____
_____
_____
_____
_____
_____
_____
_____
_____

Preparation Directions

_____
_____
_____
_____
_____
_____
_____
_____
_____
_____
_____
_____

Cooking Directions

_____
_____
_____
_____

Notes:

Recipe Name _____

Serves _____   Prep. Time _____   Cook Time _____   Oven Temp. _____

Ingredients

_____
_____
_____
_____
_____
_____
_____
_____
_____
_____
_____
_____
_____
_____
_____
_____
_____

Preparation Directions

_____
_____
_____
_____
_____
_____
_____
_____
_____
_____
_____
_____

Cooking Directions

_____
_____
_____
_____

Notes:

Recipe Name _____

Serves _____ Prep. Time _____ Cook Time _____ Oven Temp. _____

Ingredients

_____
_____
_____
_____
_____
_____
_____
_____
_____
_____
_____
_____
_____
_____
_____
_____
_____
_____
_____
_____
_____
_____

Preparation Directions

_____
_____
_____
_____
_____
_____
_____
_____
_____
_____
_____
_____
_____

Cooking Directions

_____
_____
_____
_____
_____
_____

Notes:

Recipe Name _____

Serves _____ Prep. Time _____ Cook Time _____ Oven Temp. _____

Ingredients

Preparation Directions

Cooking Directions

Notes:

Recipe Name _____

Serves _____ Prep. Time _____ Cook Time _____ Oven Temp. _____

Ingredients | Preparation Directions

_____ | _____
_____ | _____
_____ | _____
_____ | _____
_____ | _____
_____ | _____
_____ | _____
_____ | _____
_____ | _____
_____ | _____
_____ | _____
_____ | _____
_____ | _____

Cooking Directions

_____ | _____
_____ | _____
_____ | _____
_____ | _____
_____ | _____

Notes:

Recipe Name _____

Serves ____ Prep. Time _____ Cook Time _____ Oven Temp. _____

Ingredients

Preparation Directions

Cooking Directions

Notes:

Recipe Name _____

Serves _____ Prep. Time _____ Cook Time _____ Oven Temp. _____

Ingredients

_____
_____
_____
_____
_____
_____
_____
_____
_____
_____
_____
_____
_____
_____
_____
_____
_____
_____
_____
_____

Preparation Directions

_____
_____
_____
_____
_____
_____
_____
_____
_____
_____
_____
_____

Cooking Directions

_____
_____
_____
_____
_____

Notes:

Recipe Name _____

Serves _____ Prep. Time _____ Cook Time _____ Oven Temp. _____

Ingredients

_____
_____
_____
_____
_____
_____
_____
_____
_____
_____
_____
_____
_____
_____
_____
_____
_____
_____
_____

Preparation Directions

_____
_____
_____
_____
_____
_____
_____
_____
_____
_____
_____
_____

Cooking Directions

_____
_____
_____
_____

Notes:

Recipe Name _____

Serves _____ Prep. Time _____ Cook Time _____ Oven Temp. _____

Ingredients

Preparation Directions

Cooking Directions

Notes:

Recipe Name _____

Serves ____ Prep. Time _____ Cook Time _____ Oven Temp. _____

Ingredients | Preparation Directions

Cooking Directions

Notes:

Recipe Name _____

Serves _____ Prep. Time _____ Cook Time _____ Oven Temp. _____

Ingredients

Preparation Directions

Cooking Directions

Notes:

Recipe Name _____

Serves ____ Prep. Time ____ Cook Time ____ Oven Temp. ____

Ingredients

Preparation Directions

Cooking Directions

Notes:

Recipe Name _____

Serves _____   Prep. Time _____   Cook Time _____   Oven Temp. _____

Ingredients

Preparation Directions

Cooking Directions

Notes:

Recipe Name _____

Serves _____   Prep. Time _____   Cook Time _____   Oven Temp. _____

Ingredients	Preparation Directions

Cooking Directions

Notes:

Recipe Name _____

Serves ____ Prep. Time _____ Cook Time _____ Oven Temp. _____

Ingredients

Preparation Directions

Cooking Directions

Notes:

Recipe Name _____

Serves ____ Prep. Time _____ Cook Time _____ Oven Temp. _____

Ingredients

Preparation Directions

Cooking Directions

Notes:

Recipe Name _____

Serves _____ Prep. Time _____ Cook Time _____ Oven Temp. _____

Ingredients

Preparation Directions

Cooking Directions

Notes:

Recipe Name _____

Serves _____ Prep. Time _____ Cook Time _____ Oven Temp. _____

Ingredients

_____
_____
_____
_____
_____
_____
_____
_____
_____
_____
_____
_____
_____
_____
_____
_____
_____
_____
_____
_____
_____

Preparation Directions

_____
_____
_____
_____
_____
_____
_____
_____
_____
_____
_____
_____
_____
_____

Cooking Directions

_____
_____
_____
_____
_____

Notes:

Recipe Name _____

Serves ____ Prep. Time _____ Cook Time _____ Oven Temp. _____

Ingredients

Preparation Directions

Cooking Directions

Notes:

Recipe Name _____

Serves _____ Prep. Time _____ Cook Time _____ Oven Temp. _____

Ingredients	Preparation Directions

Cooking Directions

Notes:

Recipe Name _____

Serves _____ Prep. Time _____ Cook Time _____ Oven Temp. _____

Ingredients

Preparation Directions

Cooking Directions

Notes:

Recipe Name _____

Serves _____   Prep. Time _____   Cook Time _____   Oven Temp. _____

Ingredients

Preparation Directions

Cooking Directions

Notes:

Recipe Name _____

Serves _____ Prep. Time _____ Cook Time _____ Oven Temp. _____

Ingredients

Preparation Directions

Cooking Directions

Notes:

Recipe Name _____

Serves _____   Prep. Time _____   Cook Time _____   Oven Temp. _____

Ingredients

_____	

Preparation Directions

Cooking Directions

Notes:

Recipe Name _____

Serves _____   Prep. Time _____   Cook Time _____   Oven Temp. _____

Ingredients

Preparation Directions

Cooking Directions

Notes:

Recipe Name _____

Serves _____ Prep. Time _____ Cook Time _____ Oven Temp. _____

Ingredients | Preparation Directions

Cooking Directions

Notes:

Recipe Name _____

Serves _____ Prep. Time _____ Cook Time _____ Oven Temp. _____

Ingredients

Preparation Directions

Cooking Directions

Notes:

Recipe Name _____

Serves ____ Prep. Time _____ Cook Time _____ Oven Temp. _____

Ingredients

Preparation Directions

Cooking Directions

Notes:

Recipe Name _____

Serves _____ Prep. Time _____ Cook Time _____ Oven Temp. _____

Ingredients

Preparation Directions

Cooking Directions

Notes:

Recipe Name _____

Serves _____   Prep. Time _____   Cook Time _____   Oven Temp. _____

Ingredients

_____
_____
_____
_____
_____
_____
_____
_____
_____
_____
_____
_____
_____
_____
_____
_____
_____
_____
_____
_____
_____
_____
_____

Preparation Directions

_____
_____
_____
_____
_____
_____
_____
_____
_____
_____
_____
_____
_____
_____

Cooking Directions

_____
_____
_____
_____
_____

Notes:

Recipe Name _____

Serves _____ Prep. Time _____ Cook Time _____ Oven Temp. _____

Ingredients

_____
_____
_____
_____
_____
_____
_____
_____
_____
_____
_____
_____
_____
_____
_____
_____
_____
_____
_____
_____
_____

Preparation Directions

_____
_____
_____
_____
_____
_____
_____
_____
_____
_____
_____
_____
_____

Cooking Directions

_____
_____
_____
_____

Notes:

Recipe Name _____

Serves _____   Prep. Time _____   Cook Time _____   Oven Temp. _____

Ingredients

_____
_____
_____
_____
_____
_____
_____
_____
_____
_____
_____
_____
_____
_____
_____
_____
_____
_____
_____
_____
_____
_____

Preparation Directions

_____
_____
_____
_____
_____
_____
_____
_____
_____
_____
_____
_____
_____
_____

Cooking Directions

_____
_____
_____
_____
_____

Notes:

Recipe Name _____

Serves _____ Prep. Time _____ Cook Time _____ Oven Temp. _____

Ingredients

Preparation Directions

Cooking Directions

Notes:

Recipe Name _____

Serves _____ Prep. Time _____ Cook Time _____ Oven Temp. _____

Ingredients

Preparation Directions

Cooking Directions

Notes:

Recipe Name _____

Serves _____ Prep. Time _____ Cook Time _____ Oven Temp. _____

Ingredients

_____
_____
_____
_____
_____
_____
_____
_____
_____
_____
_____
_____
_____
_____
_____
_____
_____
_____
_____
_____

Preparation Directions

_____
_____
_____
_____
_____
_____
_____
_____
_____
_____
_____
_____

Cooking Directions

_____
_____
_____
_____
_____

Notes:

Recipe Name _____

Serves _____ Prep. Time _____ Cook Time _____ Oven Temp. _____

Ingredients	Preparation Directions

Cooking Directions

Notes:

Recipe Name _____

Serves ____ Prep. Time _____ Cook Time _____ Oven Temp. _____

Ingredients

Preparation Directions

Cooking Directions

Notes:

Recipe Name _____

Serves _____ Prep. Time _____ Cook Time _____ Oven Temp. _____

Ingredients

_____
_____
_____
_____
_____
_____
_____
_____
_____
_____
_____
_____
_____
_____
_____
_____
_____
_____
_____
_____
_____

Preparation Directions

_____
_____
_____
_____
_____
_____
_____
_____
_____
_____
_____
_____
_____

Cooking Directions

_____
_____
_____
_____
_____

Notes:

Recipe Name _____

Serves _____ Prep. Time _____ Cook Time _____ Oven Temp. _____

Ingredients

Preparation Directions

Cooking Directions

Notes:

Recipe Name _____

Serves _____   Prep. Time _____   Cook Time _____   Oven Temp. _____

Ingredients

Preparation Directions

Cooking Directions

Notes:

Recipe Name _____

Serves _____   Prep. Time _____   Cook Time _____   Oven Temp. _____

Ingredients

_____
_____
_____
_____
_____
_____
_____
_____
_____
_____
_____
_____
_____
_____
_____
_____
_____
_____
_____
_____
_____
_____

Preparation Directions

_____
_____
_____
_____
_____
_____
_____
_____
_____
_____
_____
_____
_____
_____

Cooking Directions

_____
_____
_____
_____
_____

Notes:

Recipe Name _____

Serves _____ Prep. Time _____ Cook Time _____ Oven Temp. _____

Ingredients

Preparation Directions

Cooking Directions

Notes:

Recipe Name _____

Serves _____ Prep. Time _____ Cook Time _____ Oven Temp. _____

Ingredients	Preparation Directions

Cooking Directions

Notes:

Recipe Name _____

Serves _____ Prep. Time _____ Cook Time _____ Oven Temp. _____

Ingredients

Preparation Directions

Cooking Directions

Notes:

Recipe Name _____

Serves _____ Prep. Time _____ Cook Time _____ Oven Temp. _____

Ingredients | Preparation Directions

Cooking Directions

Notes:

Recipe Name _____

Serves _____   Prep. Time _____   Cook Time _____   Oven Temp. _____

Ingredients

Preparation Directions

Cooking Directions

Notes:

Recipe Name _____

Serves _____ Prep. Time _____ Cook Time _____ Oven Temp. _____

Ingredients

Preparation Directions

Cooking Directions

Notes:

Recipe Name _____

Serves _____ Prep. Time _____ Cook Time _____ Oven Temp. _____

Ingredients

Preparation Directions

Cooking Directions

Notes:

Recipe Name _____

Serves _____ Prep. Time _____ Cook Time _____ Oven Temp. _____

Ingredients

Preparation Directions

Cooking Directions

Notes:

Recipe Name _____

Serves _____ Prep. Time _____ Cook Time _____ Oven Temp. _____

Ingredients

Preparation Directions

Cooking Directions

Notes:

Recipe Name _____

Serves ____ Prep. Time _____ Cook Time _____ Oven Temp. _____

Ingredients

Preparation Directions

Cooking Directions

Notes:

Recipe Name _____

Serves _____ Prep. Time _____ Cook Time _____ Oven Temp. _____

Ingredients

Preparation Directions

Cooking Directions

Notes:

Recipe Name _____

Serves _____ Prep. Time _____ Cook Time _____ Oven Temp. _____

Ingredients

Preparation Directions

Cooking Directions

Notes:

Recipe Name _____

Serves _____ Prep. Time _____ Cook Time _____ Oven Temp. _____

Ingredients

_____
_____
_____
_____
_____
_____
_____
_____
_____
_____
_____
_____
_____
_____
_____
_____
_____
_____
_____
_____

Preparation Directions

_____
_____
_____
_____
_____
_____
_____
_____
_____
_____
_____
_____
_____

Cooking Directions

_____
_____
_____
_____
_____

Notes:

Recipe Name _____

Serves _____ Prep. Time _____ Cook Time _____ Oven Temp. _____

Ingredients

Preparation Directions

Cooking Directions

Notes:

Recipe Name _____

Serves _____ Prep. Time _____ Cook Time _____ Oven Temp. _____

Ingredients	Preparation Directions

Cooking Directions

Notes:

Recipe Name _____

Serves _____   Prep. Time _____   Cook Time _____   Oven Temp. _____

Ingredients

Preparation Directions

Cooking Directions

Notes:

Recipe Name _____

Serves _____ Prep. Time _____ Cook Time _____ Oven Temp. _____

Ingredients

Preparation Directions

Cooking Directions

Notes:

Recipe Name _____

Serves ____ Prep. Time _____ Cook Time _____ Oven Temp. _____

Ingredients

Preparation Directions

Cooking Directions

Notes:

Recipe Name _____

Serves ____ Prep. Time _____ Cook Time _____ Oven Temp. _____

Ingredients

Preparation Directions

Cooking Directions

Notes:

Recipe Name _____

Serves _____   Prep. Time _____   Cook Time _____   Oven Temp. _____

Ingredients

Preparation Directions

Cooking Directions

Notes:

Recipe Name _____

Serves _____ Prep. Time _____ Cook Time _____ Oven Temp. _____

Ingredients	Preparation Directions

Cooking Directions

Notes:

Recipe Name _____

Serves _____ Prep. Time _____ Cook Time _____ Oven Temp. _____

Ingredients	Preparation Directions
_____	_____

Cooking Directions
_____

Notes:

Recipe Name _____

Serves _____ Prep. Time _____ Cook Time _____ Oven Temp. _____

Ingredients

Preparation Directions

Cooking Directions

Notes:

Recipe Name _____

Serves _____   Prep. Time _____   Cook Time _____   Oven Temp. _____

Ingredients

Preparation Directions

Cooking Directions

Notes:

Recipe Name _____

Serves _____ Prep. Time _____ Cook Time _____ Oven Temp. _____

Ingredients | ## Preparation Directions

Cooking Directions

Notes:

Recipe Name _____

Serves _____   Prep. Time _____   Cook Time _____   Oven Temp. _____

Ingredients

Preparation Directions

Cooking Directions

Notes:

Recipe Name _____

Serves _____ Prep. Time _____ Cook Time _____ Oven Temp. _____

Ingredients | Preparation Directions

Cooking Directions

Notes:

Recipe Name _____

Serves _____ Prep. Time _____ Cook Time _____ Oven Temp. _____

Ingredients

Preparation Directions

Cooking Directions

Notes:

Recipe Name _____

Serves _____ Prep. Time _____ Cook Time _____ Oven Temp. _____

Ingredients

_____
_____
_____
_____
_____
_____
_____
_____
_____
_____
_____
_____
_____
_____
_____
_____
_____
_____
_____
_____
_____

Preparation Directions

_____
_____
_____
_____
_____
_____
_____
_____
_____
_____
_____
_____
_____
_____

Cooking Directions

_____
_____
_____
_____
_____

Notes:

Recipe Name _____

Serves _____   Prep. Time _____   Cook Time _____   Oven Temp. _____

Ingredients

_____
_____
_____
_____
_____
_____
_____
_____
_____
_____
_____
_____
_____
_____
_____
_____
_____
_____
_____
_____
_____
_____

Preparation Directions

_____
_____
_____
_____
_____
_____
_____
_____
_____
_____
_____
_____
_____

Cooking Directions

_____
_____
_____
_____
_____

Notes:

Recipe Name _____

Serves _____ Prep. Time _____ Cook Time _____ Oven Temp. _____

Ingredients

Preparation Directions

Cooking Directions

Notes:

Recipe Name _____

Serves ____ Prep. Time _____ Cook Time _____ Oven Temp. _____

Ingredients

Preparation Directions

Cooking Directions

Notes:

Recipe Name _____

Serves _____   Prep. Time _____   Cook Time _____   Oven Temp. _____

Ingredients

_____
_____
_____
_____
_____
_____
_____
_____
_____
_____
_____
_____
_____
_____
_____
_____
_____
_____
_____
_____
_____
_____

Preparation Directions

_____
_____
_____
_____
_____
_____
_____
_____
_____
_____
_____
_____
_____
_____
_____

Cooking Directions

_____
_____
_____
_____
_____
_____

Notes:

Recipe Name _____

Serves ____ Prep. Time _____ Cook Time _____ Oven Temp. _____

Ingredients

_____
_____
_____
_____
_____
_____
_____
_____
_____
_____
_____
_____
_____
_____
_____
_____
_____
_____
_____
_____
_____
_____

Preparation Directions

_____
_____
_____
_____
_____
_____
_____
_____
_____
_____
_____
_____
_____
_____
_____

Cooking Directions

_____
_____
_____
_____
_____
_____

Notes:

Recipe Name _____

Serves _____ Prep. Time _____ Cook Time _____ Oven Temp. _____

Ingredients

Preparation Directions

Cooking Directions

Notes:

Recipe Name _____

Serves _____ Prep. Time _____ Cook Time _____ Oven Temp. _____

Ingredients

Preparation Directions

Cooking Directions

Notes:

Recipe Name _____

Serves _____ Prep. Time _____ Cook Time _____ Oven Temp. _____

Ingredients

_____	**Preparation Directions**
_____	_____
_____	_____

Preparation Directions

Cooking Directions

Notes:

Recipe Name _____

Serves _____ Prep. Time _____ Cook Time _____ Oven Temp. _____

Ingredients

Preparation Directions

Cooking Directions

Notes:

Recipe Name _____

Serves ____ Prep. Time _____ Cook Time _____ Oven Temp. _____

Ingredients	Preparation Directions

Cooking Directions

Notes:

Recipe Name _____

Serves ____ Prep. Time _____ Cook Time _____ Oven Temp. _____

Ingredients

Preparation Directions

Cooking Directions

Notes:

Recipe Name _____

Serves _____   Prep. Time _____   Cook Time _____   Oven Temp. _____

Ingredients	Preparation Directions

Cooking Directions

Notes:

Recipe Name _____

Serves _____ Prep. Time _____ Cook Time _____ Oven Temp. _____

Ingredients

Preparation Directions

Cooking Directions

Notes:

Recipe Name _____

Serves _____ Prep. Time _____ Cook Time _____ Oven Temp. _____

Ingredients

Preparation Directions

Cooking Directions

Notes:

Recipe Name _____

Serves _____ Prep. Time _____ Cook Time _____ Oven Temp. _____

Ingredients

Preparation Directions

Cooking Directions

Notes:

Recipe Name _____

Serves _____ Prep. Time _____ Cook Time _____ Oven Temp. _____

Ingredients	Preparation Directions

Cooking Directions

Notes:

Recipe Name _____

Serves _____ Prep. Time _____ Cook Time _____ Oven Temp. _____

Ingredients

Preparation Directions

Cooking Directions

Notes:

Recipe Name _____

Serves _____ Prep. Time _____ Cook Time _____ Oven Temp. _____

Ingredients | Preparation Directions

Cooking Directions

Notes:

Recipe Name _____

Serves _____   Prep. Time _____   Cook Time _____   Oven Temp. _____

Ingredients

Preparation Directions

Cooking Directions

Notes:

Recipe Name _____

Serves _____ Prep. Time _____ Cook Time _____ Oven Temp. _____

Ingredients

Preparation Directions

Cooking Directions

Notes:

Recipe Name _____

Serves _____ Prep. Time _____ Cook Time _____ Oven Temp. _____

Ingredients

Preparation Directions

Cooking Directions

Notes:

Recipe Name _____

Serves _____ Prep. Time _____ Cook Time _____ Oven Temp. _____

Ingredients | Preparation Directions

Cooking Directions

Notes:

Recipe Name _____

Serves ____ Prep. Time ____ Cook Time ____ Oven Temp. ____

Ingredients

Preparation Directions

Cooking Directions

Notes:

Recipe Name _____

Serves _____ Prep. Time _____ Cook Time _____ Oven Temp. _____

Ingredients

_____
_____
_____
_____
_____
_____
_____
_____
_____
_____
_____
_____
_____
_____
_____
_____
_____
_____
_____
_____

Preparation Directions

_____
_____
_____
_____
_____
_____
_____
_____
_____
_____
_____
_____

Cooking Directions

_____
_____
_____
_____
_____

Notes:

Recipe Name _____

Serves _____ Prep. Time _____ Cook Time _____ Oven Temp. _____

Ingredients

_____
_____
_____
_____
_____
_____
_____
_____
_____
_____
_____
_____
_____
_____
_____
_____
_____
_____
_____
_____
_____

Preparation Directions

_____
_____
_____
_____
_____
_____
_____
_____
_____
_____
_____
_____
_____

Cooking Directions

_____
_____
_____
_____
_____
_____

Notes:

Recipe Name _____

Serves ____ Prep. Time _____ Cook Time _____ Oven Temp. _____

Ingredients	Preparation Directions

Cooking Directions

Notes:

Recipe Name _____

Serves _____ Prep. Time _____ Cook Time _____ Oven Temp. _____

Ingredients

Preparation Directions

Cooking Directions

Notes:

Recipe Name _____

Serves _____   Prep. Time _____   Cook Time _____   Oven Temp. _____

Ingredients | Preparation Directions

Cooking Directions

Notes:

Recipe Name _____

Serves _____ Prep. Time _____ Cook Time _____ Oven Temp. _____

Ingredients

Preparation Directions

Cooking Directions

Notes:

Recipe Name _____

Serves _____ Prep. Time _____ Cook Time _____ Oven Temp. _____

Ingredients | Preparation Directions

Cooking Directions

Notes:

Recipe Name _____

Serves _____ Prep. Time _____ Cook Time _____ Oven Temp. _____

Ingredients

_____
_____
_____
_____
_____
_____
_____
_____
_____
_____
_____
_____
_____
_____
_____
_____
_____
_____
_____
_____
_____
_____
_____

Preparation Directions

_____
_____
_____
_____
_____
_____
_____
_____
_____
_____
_____
_____
_____
_____

Cooking Directions

_____
_____
_____
_____
_____
_____

Notes:

Recipe Name _____

Serves ____ Prep. Time _____ Cook Time _____ Oven Temp. _____

Ingredients

Preparation Directions

Cooking Directions

Notes:

Recipe Name _____

Serves ____ Prep. Time _____ Cook Time _____ Oven Temp. _____

Ingredients

Preparation Directions

Cooking Directions

Notes:

Recipe Name _____

Serves _____ Prep. Time _____ Cook Time _____ Oven Temp. _____

Ingredients

Preparation Directions

Cooking Directions

Notes:

Recipe Name _____

Serves ____ Prep. Time _____ Cook Time _____ Oven Temp. _____

Ingredients	Preparation Directions

Cooking Directions

Notes:

Recipe Name _____

Serves _____ Prep. Time _____ Cook Time _____ Oven Temp. _____

Ingredients | Preparation Directions

Cooking Directions

Notes:

Recipe Name _____

Serves _____ Prep. Time _____ Cook Time _____ Oven Temp. _____

Ingredients	Preparation Directions

Cooking Directions

Notes:

Recipe Name _____

Serves _____ Prep. Time _____ Cook Time _____ Oven Temp. _____

Ingredients

Preparation Directions

Cooking Directions

Notes:

Recipe Name _____

Serves _____   Prep. Time _____   Cook Time _____   Oven Temp. _____

Ingredients	Preparation Directions

Cooking Directions

Notes:

Recipe Name _____

Serves _____   Prep. Time _____   Cook Time _____   Oven Temp. _____

Ingredients	Preparation Directions

Cooking Directions

Notes:

Recipe Name _____

Serves _____ Prep. Time _____ Cook Time _____ Oven Temp. _____

Ingredients

Preparation Directions

Cooking Directions

Notes:

Recipe Name _____

Serves _____   Prep. Time _____   Cook Time _____   Oven Temp. _____

Ingredients

Preparation Directions

Cooking Directions

Notes:

Recipe Name _____

Serves _____ Prep. Time _____ Cook Time _____ Oven Temp. _____

Ingredients

_____
_____
_____
_____
_____
_____
_____
_____
_____
_____
_____
_____
_____
_____
_____
_____
_____
_____
_____
_____
_____
_____

Preparation Directions

_____
_____
_____
_____
_____
_____
_____
_____
_____
_____
_____
_____
_____

Cooking Directions

_____
_____
_____
_____
_____

Notes:

Recipe Name _____

Serves _____   Prep. Time _____   Cook Time _____   Oven Temp. _____

Ingredients

Preparation Directions

Cooking Directions

Notes:

Recipe Name _____

Serves _____ Prep. Time _____ Cook Time _____ Oven Temp. _____

Ingredients

Preparation Directions

Cooking Directions

Notes:

Recipe Name _____

Serves _____ Prep. Time _____ Cook Time _____ Oven Temp. _____

Ingredients	Preparation Directions
_____	_____
_____	_____
_____	_____
_____	_____
_____	_____
_____	_____
_____	_____
_____	_____
_____	_____
_____	_____
_____	_____
_____	_____
_____	_____
_____	_____
_____	**Cooking Directions**
_____	_____
_____	_____
_____	_____
_____	_____
_____	_____

Notes:

Recipe Name _____

Serves ____ Prep. Time _____ Cook Time _____ Oven Temp. _____

Ingredients

Preparation Directions

Cooking Directions

Notes:

Recipe Name _____

Serves _____ Prep. Time _____ Cook Time _____ Oven Temp. _____

Ingredients	Preparation Directions

Cooking Directions

Notes:

Recipe Name _____

Serves ____ Prep. Time _____ Cook Time _____ Oven Temp. _____

Ingredients

_____
_____
_____
_____
_____
_____
_____
_____
_____
_____
_____
_____
_____
_____
_____
_____
_____
_____
_____
_____
_____

Preparation Directions

_____
_____
_____
_____
_____
_____
_____
_____
_____
_____
_____
_____

Cooking Directions

_____
_____
_____
_____
_____

Notes:

Recipe Name _____

Serves _____ Prep. Time _____ Cook Time _____ Oven Temp. _____

Ingredients

Preparation Directions

Cooking Directions

Notes:

Recipe Name _____

Serves ____ Prep. Time ____ Cook Time ____ Oven Temp. ____

Ingredients | Preparation Directions

Cooking Directions

Notes:

Recipe Name _____

Serves _____   Prep. Time _____   Cook Time _____   Oven Temp. _____

Ingredients

Preparation Directions

Cooking Directions

Notes:

Recipe Name _____

Serves _____   Prep. Time _____   Cook Time _____   Oven Temp. _____

Ingredients

Preparation Directions

Cooking Directions

Notes:

Recipe Name _____

Serves _____ Prep. Time _____ Cook Time _____ Oven Temp. _____

Ingredients	Preparation Directions

Cooking Directions

Notes:

Recipe Name _____

Serves _____ Prep. Time _____ Cook Time _____ Oven Temp. _____

Ingredients

Preparation Directions

Cooking Directions

Notes:

Recipe Name _____

Serves ____ Prep. Time _____ Cook Time _____ Oven Temp. _____

Ingredients

Preparation Directions

Cooking Directions

Notes:

Recipe Name _____

Serves _____   Prep. Time _____   Cook Time _____   Oven Temp. _____

Ingredients

Preparation Directions

Cooking Directions

Notes:

Recipe Name _____

Serves _____ Prep. Time _____ Cook Time _____ Oven Temp. _____

Ingredients

Preparation Directions

Cooking Directions

Notes:

Recipe Name _____

Serves _____ Prep. Time _____ Cook Time _____ Oven Temp. _____

Ingredients

Preparation Directions

Cooking Directions

Notes:

Recipe Name _____

Serves _____ Prep. Time _____ Cook Time _____ Oven Temp. _____

Ingredients

Preparation Directions

Cooking Directions

Notes:

Recipe Name _____

Serves ____ Prep. Time _____ Cook Time _____ Oven Temp. _____

Ingredients	Preparation Directions

Cooking Directions

Notes:

Recipe Name _____

Serves _____ Prep. Time _____ Cook Time _____ Oven Temp. _____

Ingredients | Preparation Directions

Cooking Directions

Notes:

Recipe Name _____

Serves _____   Prep. Time _____   Cook Time _____   Oven Temp. _____

Ingredients	Preparation Directions

Cooking Directions

Notes:

Recipe Name _____

Serves _____ Prep. Time _____ Cook Time _____ Oven Temp. _____

Ingredients

Preparation Directions

Cooking Directions

Notes:

Recipe Name _____

Serves _____   Prep. Time _____   Cook Time _____   Oven Temp. _____

Ingredients

Preparation Directions

Cooking Directions

Notes:

Recipe Name _____

Serves _____ Prep. Time _____ Cook Time _____ Oven Temp. _____

Ingredients | Preparation Directions

Cooking Directions

Notes:

Recipe Name _____

Serves _____ Prep. Time _____ Cook Time _____ Oven Temp. _____

Ingredients

Preparation Directions

Cooking Directions

Notes:

Recipe Name _____

Serves ____ Prep. Time _____ Cook Time _____ Oven Temp. _____

Ingredients	Preparation Directions

Cooking Directions

Notes:

Recipe Name _____

Serves _____ Prep. Time _____ Cook Time _____ Oven Temp. _____

Ingredients

Preparation Directions

Cooking Directions

Notes:

Recipe Name _____

Serves _____ Prep. Time _____ Cook Time _____ Oven Temp. _____

Ingredients

Preparation Directions

Cooking Directions

Notes:

Recipe Name _____

Serves _____ Prep. Time _____ Cook Time _____ Oven Temp. _____

Ingredients	Preparation Directions

Cooking Directions

Notes:

Recipe Name _____

Serves _____ Prep. Time _____ Cook Time _____ Oven Temp. _____

Ingredients

Preparation Directions

Cooking Directions

Notes:

Recipe Name _____

Serves ____ Prep. Time _____ Cook Time _____ Oven Temp. _____

Ingredients

Preparation Directions

Cooking Directions

Notes:

Recipe Name _____

Serves _____ Prep. Time _____ Cook Time _____ Oven Temp. _____

Ingredients

Preparation Directions

Cooking Directions

Notes:

Recipe Name _____

Serves _____ Prep. Time _____ Cook Time _____ Oven Temp. _____

Ingredients

Preparation Directions

Cooking Directions

Notes:

Recipe Name _____

Serves _____ Prep. Time _____ Cook Time _____ Oven Temp. _____

Ingredients

Preparation Directions

Cooking Directions

Notes:

Recipe Name _____

Serves _____   Prep. Time _____   Cook Time _____   Oven Temp. _____

Ingredients

Preparation Directions

Cooking Directions

Notes:

Recipe Name _____

Serves _____ Prep. Time _____ Cook Time _____ Oven Temp. _____

Ingredients

Preparation Directions

Cooking Directions

Notes:

Recipe Name _____

Serves _____   Prep. Time _____   Cook Time _____   Oven Temp. _____

Ingredients

Preparation Directions

Cooking Directions

Notes:

Recipe Name _____

Serves _____ Prep. Time _____ Cook Time _____ Oven Temp. _____

Ingredients | Preparation Directions

Cooking Directions

Notes:

Recipe Name _____

Serves ____ Prep. Time _____ Cook Time _____ Oven Temp. _____

Ingredients	Preparation Directions

Cooking Directions

Notes:

Recipe Name _____

Serves ____ Prep. Time ____ Cook Time ____ Oven Temp. ____

Ingredients	Preparation Directions

Cooking Directions

Notes:

Recipe Name _____

Serves _____ Prep. Time _____ Cook Time _____ Oven Temp. _____

Ingredients

Preparation Directions

Cooking Directions

Notes:

Recipe Name _____

Serves _____   Prep. Time _____   Cook Time _____   Oven Temp. _____

Ingredients	Preparation Directions

Cooking Directions

Notes:

Recipe Name _____

Serves _____ Prep. Time _____ Cook Time _____ Oven Temp. _____

Ingredients

_____
_____
_____
_____
_____
_____
_____
_____
_____
_____
_____
_____
_____
_____
_____
_____
_____
_____
_____
_____
_____
_____

Preparation Directions

_____
_____
_____
_____
_____
_____
_____
_____
_____
_____
_____
_____
_____
_____

Cooking Directions

_____
_____
_____
_____
_____

Notes:

Recipe Name _____

Serves _____ Prep. Time _____ Cook Time _____ Oven Temp. _____

Ingredients	Preparation Directions

Cooking Directions

Notes:

Recipe Name _____

Serves _____   Prep. Time _____   Cook Time _____   Oven Temp. _____

Ingredients

Preparation Directions

Cooking Directions

Notes:

Recipe Name _____

Serves _____ Prep. Time _____ Cook Time _____ Oven Temp. _____

Ingredients	Preparation Directions

Cooking Directions

Notes:

Recipe Name _____

Serves _____ Prep. Time _____ Cook Time _____ Oven Temp. _____

Ingredients

Preparation Directions

Cooking Directions

Notes:

Recipe Name _____

Serves _____   Prep. Time _____   Cook Time _____   Oven Temp. _____

Ingredients

_____
_____
_____
_____
_____
_____
_____
_____
_____
_____
_____
_____
_____
_____
_____
_____
_____
_____
_____

Preparation Directions

_____
_____
_____
_____
_____
_____
_____
_____
_____
_____
_____

Cooking Directions

_____
_____
_____
_____
_____

Notes:

Recipe Name _____

Serves ____ Prep. Time ____ Cook Time ____ Oven Temp. ____

Ingredients

Preparation Directions

Cooking Directions

Notes:

Recipe Name _____

Serves _____ Prep. Time _____ Cook Time _____ Oven Temp. _____

Ingredients | Preparation Directions

Ingredients	Preparation Directions
_____	_____

Cooking Directions

Notes:

Recipe Name _____

Serves _____ Prep. Time _____ Cook Time _____ Oven Temp. _____

Ingredients

Preparation Directions

Cooking Directions

Notes:

Recipe Name _____

Serves _____ Prep. Time _____ Cook Time _____ Oven Temp. _____

Ingredients | Preparation Directions

Cooking Directions

Notes:

Recipe Name _____

Serves ____ Prep. Time _____ Cook Time _____ Oven Temp. _____

Ingredients

Preparation Directions

Cooking Directions

Notes:

Recipe Name _____

Serves _____ Prep. Time _____ Cook Time _____ Oven Temp. _____

Ingredients

Preparation Directions

Cooking Directions

Notes:

Recipe Name _____

Serves _____ Prep. Time _____ Cook Time _____ Oven Temp. _____

Ingredients

Preparation Directions

Cooking Directions

Notes:

Recipe Name _____

Serves _____ Prep. Time _____ Cook Time _____ Oven Temp. _____

Ingredients | Preparation Directions

Cooking Directions

Notes:

Recipe Name _____

Serves _____   Prep. Time _____   Cook Time _____   Oven Temp. _____

Ingredients

Preparation Directions

Cooking Directions

Notes:

Recipe Name _____

Serves _____ Prep. Time _____ Cook Time _____ Oven Temp. _____

Ingredients

Preparation Directions

Cooking Directions

Notes:

Recipe Name _____

Serves _____   Prep. Time _____   Cook Time _____   Oven Temp. _____

Ingredients

_____
_____
_____
_____
_____
_____
_____
_____
_____
_____
_____
_____
_____
_____
_____
_____
_____
_____
_____
_____
_____
_____

Preparation Directions

_____
_____
_____
_____
_____
_____
_____
_____
_____
_____
_____
_____
_____

Cooking Directions

_____
_____
_____
_____
_____
_____

Notes:

Recipe Name _____

Serves _____ Prep. Time _____ Cook Time _____ Oven Temp. _____

Ingredients	Preparation Directions

Cooking Directions

Notes:

Recipe Name _____

Serves _____ Prep. Time _____ Cook Time _____ Oven Temp. _____

Ingredients

Preparation Directions

Cooking Directions

Notes:

Recipe Name _____

Serves ____ Prep. Time _____ Cook Time _____ Oven Temp. _____

Ingredients	Preparation Directions

Cooking Directions

Notes:

Recipe Name _____

Serves _____ Prep. Time _____ Cook Time _____ Oven Temp. _____

Ingredients

Preparation Directions

Cooking Directions

Notes:

Recipe Name _____

Serves ____ Prep. Time _____ Cook Time _____ Oven Temp. _____

Ingredients

Preparation Directions

Cooking Directions

Notes:

Recipe Name _____

Serves _____   Prep. Time _____   Cook Time _____   Oven Temp. _____

Ingredients

Preparation Directions

Cooking Directions

Notes:

Recipe Name _____

Serves _____ Prep. Time _____ Cook Time _____ Oven Temp. _____

Ingredients	Preparation Directions

Cooking Directions

Notes:

Recipe Name _____

Serves _____   Prep. Time _____   Cook Time _____   Oven Temp. _____

Ingredients

Preparation Directions

Cooking Directions

Notes:

Recipe Name _____

Serves _____ Prep. Time _____ Cook Time _____ Oven Temp. _____

Ingredients | Preparation Directions

Cooking Directions

Notes:

Recipe Name _____

Serves _____   Prep. Time _____   Cook Time _____   Oven Temp. _____

Ingredients

Preparation Directions

Cooking Directions

Notes:

Recipe Name _____

Serves ____ Prep. Time _____ Cook Time _____ Oven Temp. _____

Ingredients	Preparation Directions

Cooking Directions

Notes:

Recipe Name _____

Serves _____   Prep. Time _____   Cook Time _____   Oven Temp. _____

Ingredients

Preparation Directions

Cooking Directions

Notes:

Recipe Name _____

Serves _____ Prep. Time _____ Cook Time _____ Oven Temp. _____

Ingredients

Preparation Directions

Cooking Directions

Notes:

Recipe Name _____

Serves _____ Prep. Time _____ Cook Time _____ Oven Temp. _____

Ingredients

_____
_____
_____
_____
_____
_____
_____
_____
_____
_____
_____
_____
_____
_____
_____
_____
_____
_____
_____
_____
_____

Preparation Directions

_____
_____
_____
_____
_____
_____
_____
_____
_____
_____
_____
_____
_____
_____

Cooking Directions

_____
_____
_____
_____

Notes:

Recipe Name _____

Serves _____ Prep. Time _____ Cook Time _____ Oven Temp. _____

Ingredients

Preparation Directions

Cooking Directions

Notes:

Recipe Name _____

Serves _____   Prep. Time _____   Cook Time _____   Oven Temp. _____

Ingredients

_____
_____
_____
_____
_____
_____
_____
_____
_____
_____
_____
_____
_____
_____
_____
_____
_____
_____
_____
_____
_____
_____
_____

Preparation Directions

_____
_____
_____
_____
_____
_____
_____
_____
_____
_____
_____
_____
_____

Cooking Directions

_____
_____
_____
_____
_____
_____

Notes:

Recipe Name _____

Serves _____ Prep. Time _____ Cook Time _____ Oven Temp. _____

Ingredients

Preparation Directions

Cooking Directions

Notes:

Recipe Name _____

Serves _____   Prep. Time _____   Cook Time _____   Oven Temp. _____

Ingredients

_____
_____
_____
_____
_____
_____
_____
_____
_____
_____
_____
_____
_____
_____
_____
_____
_____
_____
_____
_____
_____
_____

Preparation Directions

_____
_____
_____
_____
_____
_____
_____
_____
_____
_____
_____
_____
_____

Cooking Directions

_____
_____
_____
_____
_____

Notes:

Recipe Name _____

Serves _____ Prep. Time _____ Cook Time _____ Oven Temp. _____

Ingredients	Preparation Directions

Cooking Directions

Notes:

Recipe Name _____

Serves _____ Prep. Time _____ Cook Time _____ Oven Temp. _____

Ingredients	Preparation Directions

Cooking Directions

Notes:

Recipe Name _____

Serves _____ Prep. Time _____ Cook Time _____ Oven Temp. _____

Ingredients	Preparation Directions

Cooking Directions

Notes:

Made in the USA
San Bernardino, CA
26 January 2016